I K 9234.

DERNIER MOT

D'ÉTIENNE MENTOR,

Représentant du Peuple,

A ÉTIENNE BRUIX,

Ministre de la Marine et des Colonies.

Pourquoi faut-il, monseigneur, que j'aie quelque chose à vous dire ? Quelle langue commune pouvons-nous parler ? Comment pouvons-nous nous entendre, et qu'y a-t-il de commun entre vous et moi ?

(*Rousseau, à M. de Beaumont.*)

DERNIER MOT

D'ÉTIENNE MENTOR,

Représentant du Peuple,

A ÉTIENNE BRUIX,

Ministre de la Marine et des Colonies.

> Pourquoi faut-il , monseigneur, que j'aie quelque chose à vous
> dire ? Quelle langue commune pouvons-nous parler ? Comment
> pouvons-nous nous entendre , et qu'y a-t-il de commun entre
> vous et moi ?
>
> (*Rousseau , à M. de Beaumont.*)

CITOYEN MINISTRE,

Dans un mémoire au Directoire Exécutif , où vous
n'étiez pas nommé , j'avais cherché à intéresser sa sen-
sibilité en faveur des malheureux militaires déportés des isles
du Vent. Vous avez blâmé cette démarche au moins excu-

sable, dans un libelle aussi indécent dans sa forme que perfide au fonds.

Vous m'avez provoqué sans ménagement, et puisque votre *anonyme* est parvenu à mes collègues *sous le couvert et le timbre du Ministre de la Marine et des Colonies*, je vous dois une réponse.

Ne pouvant résoudre mes argumens contre votre système d'avilissement et de destruction des hommes de couleur et noirs cantonnés à l'isle d'Aix, vous m'en faites un crime : vous me blâmez d'avoir transmis leurs plaintes au Directoire ; puis usurpant le droit de censure sur les membres de la Représentation Nationale, vous me taxez d'en abaisser le caractère jusqu'au rôle de pétitionnaire au Pouvoir Exécutif. Mais dans tout cela ce qu'on voit le plus évidemment c'est la faiblesse de vos moyens ; car il n'est pas un homme sensé qui ne sache très-bien qu'un député des départemens, en devenant membre du Corps Législatif, ne renonce pas à agir individuellement près des divers pouvoirs de notre république, soit pour lui, soit pour ceux de ses commettans qui réclament ses bons offices; vous ne nierez pas, sans doute, qu'un représentant du peuple puisse défendre officieusement son ami dans les tribunaux? S'il n'y a pas de doute sur l'affirmative pour l'ordre judiciaire, pourquoi nous serait-il interdit de retracer au directoire les abus de puissance que se permet un ministre, et de lui indiquer les moyens de les faire cesser?

Je sais que vous eussiez préféré que montaut à la tribune j'eusse imprudemment dénoncé votre conduite au

Corps Législatif dans l'espoir que *la question préalable* ou *un ordre du jour* bien prononcé sanctionnât vos opérations liberticides. Mais sans être aussi savant que vous, je connais assez les attributions de la législature pour ne pas ignorer que tout ce qui concerne la disposition et le mouvement des troupes ainsi que leurs divers cantonnemens appartient primitivement au Directoire Exécutif : cessez donc de faire l'étonné *,* citoyen Bruix *,* si j'ai pris cette voie pour dénoncer vos *petites conspirations ,* et convenez que c'était la seule que je dusse employer.

Après avoir cité au long l'arrêté contre lequel j'ai réclamé et dont vous vous avouez le provocateur , vous appellez à votre aide deux lettres de *Marin Pèdre ,* dont l'une est écrite du *Gros-Caillou ,* fauxbourg de Paris ; ce qui suppose seulement qu'à l'époque à laquelle ce citoyen s'adressait au directeur Rewbell *,* il ne connaissait pas encore la malheureuse position de ses compatriotes.

J'ai aussi une correspondance à opposer à la vôtre , citoyen Bruix , et je vais la transcrire ici pour votre instruction ; ce qui pourra diminuer un peu le mince triomphe que vous fondez si gravement sur les complimens de *Marin Pèdre.*

Les 20 , 21 et 25 thermidor , plus de soixante militaires noirs et de couleur , et de tous grades , cantonnés à l'isle d'Aix , m'écrivaient en ces termes :

» Nous sommes en activité de service , et nous ne touchons
» que la moitié de notre paye ; nous sommes privés d'aller
» à la grande terre , sans un ordre du commandant de la
» Marine , à Rochefort , tandis que les blancs y vont avec

(6)

» un simple ordre du commandant de l'Isle ; nous voyons
» avec douleur que depuis cet arrêté du 3 prairial, nous
» sommes mal vus et mal traités.

» Tous nos camarades vous prient de jeter un regard sur
» leur position malheureuse. . . . Nous sommes NUDS, sans
» HABILLEMENT, et pour comble de tyrannie, privés d'aller
» à Rochefort acheter nos petits besoins qu'on nous fait
» payer ici à un prix fou. . . . .

» Arrivés ici on nous a mis sous des *tentes*, avec un peu
» de *paille* que nous disputons à *la vermine* et *aux in-*
» *sectes;* l'hiver s'approche, et déjà le froid de ce banc
» de sable nous glace ! ! !

» Voyez vous-même si DES HOMMES ESTROPIÉS au service
» de la république doivent être traités ainsi. . . . Veuillez
» vous employer pour que, si nous ne devons pas partir
» cette année pour la Guadeloupe, nous ne soyons pas
» réduits à passer l'hiver dans cet état, car nous *mourrons*
» tous comme des mouches. . . . .

» Connaissant votre zèle, citoyen représentant, et votre
» amour pour vos concitoyens, les officiers noirs et de cou-
» leur à la suite de la compagnie de Marin Pèdre, en vertu
» de l'arrêté du Directoire, en date du 3 prairial, vous
» prient d'être leur organe près du Directoire, et de lui
» transmettre *leurs plaintes* au sujet de la séparation humi-
» liante des blancs, dont ils gémissent, et demandent à être
» employés sans distinction, comme leurs compagnons
» d'armes le sont dans les armées de la république. . . .

» Nous osons nous flatter que vous voudrez appuyer notre

» demande , et faire à cet égard tout ce que votre sagesse ,
» et vos lumières vous suggèreront. . . . . »

Vous voyez, citoyen , par les expressions dont se servent
les malheureux captifs *de l'isle d'Aix* , que si vous avez cru
adoucir leur sort en les y envoyant , vous avez commis une
étrange erreur ; depuis leur arrivée dans ce malheureureux sé-
jour , ils n'ont cessé de correspondre avec plusieurs représentant du peuple , et notamment de la députation de Saint-Domingue : en mon particulier , j'ai reçu plus de *trente lettres* qui
contiennent toutes les mêmes plaintes, les mêmes réclamations.

» Nous réclamons , disent-ils , votre zèle patriotique ,
» pour faire connaître au Directoire , nos justes reclamations ;
» nous nous sommes rendus , conformément aux ordres du
» ministre , à l'isle d'Aix ; quel a été notre étonnement
» de nous y voir confinés par l'arrêté du 3 prairial, qui ,
» en nous *humiliant,* nous sépare de nos frères d'armes et
» de nos *chefs blancs*, qui nous ont conduits si souvent à la
» victoire ? . . . . . Pourquoi cette ligne de démarcation ?
» Daignez faire nos réclamations au gouvernement, citoyen
» représentant , nous sommes persuadés de sa bonté, il
» aura égard aux défenseurs de la patrie. . . .

» Nous souffrons encore plus *d'humiliation* que de mi-
» sère. . . . . .

» Nous vous prions de communiquer notre pétition au
» Directoire , à tous vos collègues amis de la liberté et de
» l'égalité , persuadés qu'ils se joindront à vous pour une
» cause qu'ils ont toujours défendue avec fermeté ; aussi
» leur avons nous voué , ainsi qu'à vous , une recon-
» naissance éternelle , etc. »

Je dois attester ici que c'est encore moins la misère, le défaut de solde, les privations de tout genre qui leur ont fait réclamer contre le traitement qu'ils éprouvent, que le mépris dont on les accable. L'espèce de séquestration des blancs où ils vivent les a plus touchés que tout le reste.

« Nous sommes bien éloignés, disent-ils dans une adresse
» à quelques membres du Conseil des Cinq-Cents, de nous
» élever contre les mesures du Gouvernement ; dans quel-
» que sens que ces mesures soient prises, nous nous faisons
» un devoir de les respecter et de nous y soumettre. Mais
» pourroit-il se refuser à nous écouter ?..... Soyez aujour-
» d'hui les organes et les défenseurs des hommes de cou-
» leur et des noirs auprès du Directoire-Exécutif, sans
» doute trompé sur leur compte par leurs *anciens oppres-*
» *seurs !!!.* Que vos efforts généreux leur fassent rendre
» le droit de mourir aux frontières pour leur patrie ! Vous
» parviendrez, sans doute, à les tirer de cet état *d'avilisse-*
» *ment* et de honte où l'application de l'arrêté du 3 prairial
» semble les condamner. Vous ferez finir un *exil* qui les
» *dégrade* et qui les *isole* du reste des Français. Ils
» redeviendront des hommes, et ne douteront plus que les
» législateurs, en décrétant la liberté et l'égalité dans les
» Colonies, l'aient fait inutilement..... »

Et plus bas ils ajoutent : « et par une fatalité qui semble
» n'être attachée qu'à eux, l'arrêté du 3 prairial se trouve
» transgressé dans l'article qui aurait pu leur être fa-
» vorable.

» Le Directoire avait désigné un d'entre eux pour
» commander le dépôt ; point du tout, il fallait créer

» une distinction marquée pour assouvir la haine vouée à
» cette classe d'hommes.... Celui désigné par le Directoire
» ne se trouvant pas les capacités requises pour cet emploi,
» en est déchu, et l'on profite de cette circonstance pour
» dire qu'aucun d'eux n'était assez instruit, ni assez
» éclairé pour qu'on pût lui confier le commandement ;
» comme si la nature, ingrate pour eux seuls, leur avait
» refusé à tous les facultés intellectuelles, et les avait
» condamnés à une ignorance totale.......

» De même qu'autrefois un blanc suffisait pour faire
» mouvoir à son gré et selon son caprice, un atelier de
» cultivateurs que la soif de l'or avait rendus esclaves, de
» même les ennemis de la liberté et de l'égalité, ont pré-
» tendu qu'il fallait mettre un blanc à leur tête, pour les
» contenir la verge à la main (1).

On a placé à leur tête un capitaine de seconde classe
des troupes de marine, qui se trouve commander à des officiers très - instruits, plus anciens que lui, et même supé-
rieurs en grade, comme capitaines et chefs de bataillons.

Ces sentimens des militaires noirs et de couleur, rélégués
à l'isle d'Aix, sont également partagés par le capitaine *Marin
Pèdre*, dont le ministre a cité si complaisamment la correspondance du Gros-Caillou.

» Je me joins à tous mes camarades, *m'écrivait - il dans
» sa lettre du 24 brumaire dernier*, afin de faire rapporter
» l'arrêté du 3 prairial, *dont nous sentons tous l'humilia-*

---

(1) Des volontaires ont même été frappés par cet officier blanc.

» *tion , tant par l'exil que nous subissons ,* que par les dis-
» graces que nous éprouvons tous les jours. Nous prenons
» la liberté de vous prier d'être notre organe auprès du Di-
» rectoire Exécutif, pour nous tirer de l'isle d'Aix. *Nous*
» *voyons avec peine que ce climat sera la perte de tous nos*
» *camarades ,* ayant une grande partie de *blessés ,* et beau-
» coup qui sont *très-avancés en âge,* et auxquels le pays
» est tout - à - fait contraire. » *Signé* Marin Pedre.

Telles étaient les réclamations continuelles et uniformes
de tous les militaires des Antilles jettés à l'isle d'Aix. Vous
ne pouviez les ignorer, citoyen ministre, car ils vous les
adressaient en même temps qu'à moi. Une seule considéra-
ration n'eût-elle pas dû d'ailleurs vous dégoûter de les relé-
guer sur cet affreux *banc de sable;* c'est qu'en agissant
ainsi , vous n'étiez que le servile copiste de votre prédéces-
seur *Sartines ,* et que l'idée de cet odieux rapprochement
pouvait occasionner des troubles dangereux dans les Colonies.

Vous vous vantez , citoyen Bruix, de vous être prononcé,
avant la révolution, pour les droits des hommes de couleur;
vous assurez les avoir mieux défendu comme militaire, que
moi comme député... Soit... et c'est sans doute par suite des
principes philantropiques qui vous dirigeaient, que , parvenu au ministère de la marine , vous avez entassé les militaires de couleur et noirs , de différens corps, sur un banc
de sable désert , et pour eux inhabitable.

C'est encore par suite des mêmes principes, que , le 27
brumaire an 6 , sur 250 militaires qui débarquèrent à Cher-
bourg, votre agent donne l'ordre de loger les hommes noirs

(11)

et de couleur à *la Cayenne* , tandis que les blancs du même corps furent logés par étape et reçurent des feuilles de route pour Rochefort. Les premiers n'eurent même pour toute subsistance que des restes de salaisons que la marine avait rebutés précédemment ! ! ..

C'est encore par suite des mêmes principes, que vos agens et vos stipendiés ont destitué plusieurs officiers noirs et de couleur , qui avaient été nommés sur le champ de bataille , couverts de gloire et de blessures , tandis que vous avez conservé dans leurs grades les blancs dont la nomination avait eu lieu pour les mêmes causes et à la même époque.

Dailleurs, sans discuter ici qui de nous deux leur a rendu plus de services , je vous offre une belle occasion de déployer en leur faveur votre zèle ministériel. La meilleure manière de servir ses amis , c'est d'agir selon leurs vœux. Eh bien ! les hommes de couleur et noirs vous conjurent de les retirer du tombeau de l'isle d'Aix ; pour dieu , aidez-les à en sortir et *j'oublierai* et *ils oublieront* que c'est vous qui les y avez plongés....

J'ai prouvé , je pense , assez démonstrativement que vous aviez eu tort de me quereller pour avoir pris la défense de mes frères opprimés. Je vais tâcher de faire voir que vous n'êtes pas mieux fondé dans les invectives personnelles que vous m'adressez.

« D'après certaines lettres, *dites-vous* , on pourrait me » reprocher de ne voir la liberté des noirs et des hommes » de couleur que là où ils remplissent en majorité tous les » emplois ». Je ne réponds à cette absurdité que par la déclaration solennelle que je ne vois la liberté des hommes que là où régnent *les loix fondamentales de la Répulique*, et notamment *la constitution de l'an III,* où les citoyens sont appellés à l'exercice des fonctions publiques suivant leurs talens et leur patriotisme, (sans distinction de couleurs,) et que dans les départemens Coloniaux où *ces loix* sont *méconnues, avilies, foulées aux pieds* comme à la *Guadeloupe ,* sous l'administration DES HUGUES , des LEBAS , etc. etc. , comme à l'Isle-de-France , etc. etc. , je n'y vois que *violation des droits, vexations arbitraires, et la plus odieuse tyrannie.* Si mes lettres renferment d'autres principes, ne m'épargnez pas , citoyen ministre, hâtez-vous de me confondre en les produisant. *Hâtez-vous ,* sur-tout *de profiter de votre ministère* pour signaler au Gouvernement et ensuite aux Tribunaux, *ces factieux , ces monstres teints de tous les sangs ,* dont vous me taxez si gratuitement d'être l'instrument. *Si leur existence épouvante tous les partis ,* vous n'en aurez que plus de facilité à les abattre. C'est être cruel envers les bons, que de se montrer indulgent pour les scélérats , et vous êtes trop jaloux de remplir vos devoirs pour ne pas provoquer le glaive des loix sur des hommes *dont l'impunité ne désolera plus* dès que vous daignerez les poursuivre. Pour ma part , je vous aurai une véritable obligation , attendu que par ce moyen je ne serai plus exposé à prendre ceux que vous honorez de votre haine pour des amis de la patrie.

Je ne vous dissimulerai même pas, citoyen Bruix, que j'ai de la peine à croire à votre républicanisme, et c'est la véritable raison pour laquelle j'ai évité votre *filière*, (ce que je n'aurais pas fait avec vos collègues que je vois d'un autre œil que vous ,) pour transmettre au Directoire les plaintes des hommes de couleur de l'isle d'Aix ; je vous ai observé dans la révolution , et j'avoue que si , quoique *baron de Bruix , officier de l'ancien corps de la Marine , créole et grand planteur de St.-Domingue* , vous êtes réellement bon français , les apparences sont furieusement contre vous !

J'étais aux isles du Vent , proscrit par la tyrannie du gouverneur *Béhagues* , lorsque vous parûtes en septembre 1792 , dans les parages de la Martinique , avec la frégate *la Sémillante* et plusieurs flûtes : elles étaient chargés de 1800 hommes de troupes destinées à secourir les patriotes. Vous étiez attendu à *Saint-Pierre* : pourquoi , au lieu d'y venir débarquer, allâtes-vous vous présenter devant le *fort Royal?* Pourquoi, forcé ensuite de vous éloigner de ce port , ne tentâtes-vous pas un débarquement dans l'une des rades de l'isle , ou même à *Sainte-Lucie* où flottait le pavillon tricolor, et qui est abordable sur tous ses points ?

Pourquoi sur-tout vous replier alors sur *Saint-Domingue* avec votre frégate , tandis qu'à la veille de la guerre avec le roi Georges , vous faisiez entrer le reste de votre convoi dans *le port anglais de Saint-Christophe*, où la flûte *la Bienvenue* fut pillée et son équipage jetté dans les fers? J'avoue que cette manœuvre m'a toujours paru très - équivoque , sur - tout lorsque j'ai vu deux mois après le citoyen *Lacrosse*, aujourd'hui contre-amiral , venir mouiller à Sainte-Lucie avec une seule frégate *la Félicité* , lutter, pendant trois mois , contre les mêmes forces devant lesquelles vous avez fui, enlever un bâtiment des rebelles, et faire ensuite la conquête des isles françaises du Vent !!.. Ces succès sont faciles à concevoir: Lacrosse est bon français, il avait juré de servir sa patrie, de remplir sa mission, ou de périr; il tint parole, et triompha.

Lorsqu'ensuite j'ai connu vos liaisons avec *Villaret-Joyeuse* dont vous étiez alors le conseil intime ; quand j'ai appris que vous montiez la frégate qui portait le général *Hoche* en Irlande ; qu'au lieu de le faire entrer avec le reste de la flotte dans la baie de Bautry, vous avez dirigé la marche de ce héros vers *la partie sud du golfe de Gascogne*, et que *l'Irlande* fuyait devant vous comme *Ithaque* devant *Ulysse*, je n'ai pu m'empêcher de soupçonner votre mauvaise foi.

Vos opérations ministérielles n'ont fait que changer mes soupçons en presque certitude ; les plus grands désastres que nos armées navales ayent essuyés, datent de votre administration, et si elle était prolongée long-temps, vous pourriez bien aspirer à l'honneur singulier d'etre le dernier des ministres de la marine.

Que voulez-vous que pensent les gens sensés, les vrais amis de la liberté, lorsqu'ils vous ont vû morceler par pelotons les légers et tardifs secours envoyés aux Irlandais-Unis ? six milles hommes débarqués à propos, bien pourvus d'armes et de munitions, eussent suffi, dans le principe de l'insurrection, pour arracher à jamais l'Irlande au cabinet de St. James, et vous avez attendu que *soixante mille Anglais* en fussent les maîtres, pour y envoyer *douze cents Français* qui, par leur héroïque et sanglante résistance, n'ont que mieux mis à nud la perfidie ou l'ineptie de vos plans.

(15)

Quant à moi , citoyen Bruix , peu confiant dans le peu de lumières que les grands planteurs vos pareils , accordent à un noir , je m'abstiendrai de prononcer sur une question aussi délicate , il me suffit d'avoir répondu à vos invectives , d'avoir démontré la méchanceté de vos manœuvres à l'égard des hommes noirs et de couleur , rélégués à l'isle d'Aix.

Ce qui me console , c'est quand je songe que les hommes probes , impartiaux vous observent , qu'ils gémissent sur la noirceur de vos procédés à l'égard de ces hommes qui ont abandonné leurs propriétés et les objets les plus chers de leurs affections , pour résister à la trahison et aux trames ourdies par les contre-révolutionnaires ; qui ont versé leur sang dans les divers combats qu'ils ont soutenus contre les Anglais ; qui ont été réduits à errer dans les bois , à vivre de racines plutôt que de devenir traîtres à la république; qui ont été fait prisonniers et exposés à toutes les privations , pour s'être déclarés les défenseurs du gouvernement républicain.

Leurs parens , leurs amis , leurs semblables n'oublieront jamais cet acte de barbarie , le nom de Bruix ne périra jamais.

Cette lettre sera probablement la dernière que vous recevrez de moi , imprimée. Comme je n'ai pas de *liste civile* à ma disposition , les dépenses m'effrayent , et je ne les fais qu'à la dernière extrémité.

Paris , le 21 ventôse , an VII de la République.

Le Représentant du Peuple ,

E. MENTOR.